BEI GRIN MACHT SICH IHR WISSEN BEZAHLT

- Wir veröffentlichen Ihre Hausarbeit, Bachelor- und Masterarbeit

- Ihr eigenes eBook und Buch - weltweit in allen wichtigen Shops

- Verdienen Sie an jedem Verkauf

Jetzt bei www.GRIN.com hochladen und kostenlos publizieren

Digitale Kommunikation im Rahmen von Sportevents. Der Ski-Weltcup in Garmisch

Maximilian Knossalla

Bibliografische Information der Deutschen Nationalbibliothek:

Die Deutsche Nationalbibliothek verzeichnet diese Publikation in der Deutschen Nationalbibliografie; detaillierte bibliografische Daten sind im Internet über http://dnb.d-nb.de abrufbar.

ISBN: 9783346852823
Dieses Buch ist auch als E-Book erhältlich.

© GRIN Publishing GmbH
Nymphenburger Straße 86
80636 München

Alle Rechte vorbehalten

Druck und Bindung: Books on Demand GmbH, Norderstedt Germany
Gedruckt auf säurefreiem Papier aus verantwortungsvollen Quellen

Das vorliegende Werk wurde sorgfältig erarbeitet. Dennoch übernehmen Autoren und Verlag für die Richtigkeit von Angaben, Hinweisen, Links und Ratschlägen sowie eventuelle Druckfehler keine Haftung.

Das Buch bei GRIN: https://www.grin.com/document/1347205

Hochschule für angewandtes Management

Fakultät Sportmanagement

Wintersemester 2022/2023

Studienarbeit

Kurs: Digitale Kommunikation im Sport

Digitale Kommunikation im Rahmen von Sportevents –
eine Analyse am Beispiel des Ski-Weltcups Garmisch-Partenkirchen

vorgelegt von

Maximilian Knossalla

6. Semester

Inhaltsverzeichnis

Abbildungsverzeichnis

Abkürzungsverzeichnis

FIS...Fédération Internationale de Ski

HAM ....Hochschule für angewandtes Management

SMM .... Social Media Marketing

1. Einleitung

Die hohe Durchdringung von Internet-, Smartphone- und Social Media-Nutzern[1] in der Bevölkerung bietet Organisationen und Unternehmen die Chance omnipräsenter Bestandteil der digitalen Welt ihrer Kunden zu sein (vgl. wearesocial, 2023, S. 10). Dementsprechend ist es plausibel, dass Social Media mittlerweile einen festen Platz in den Unternehmen und ihren Marketingstrategien besitzt (vgl. Statista, 2022a).

Auch im Rahmen von Sportevents ist dies der Fall. Ein solches war der am 04. Januar 2023 stattfindende Ski-Weltcup in Garmisch-Partenkirchen. Dort fand der Nachtslalom der Herren am Gudiberg statt und wurde u.a. über den Instagram-Account der Veranstaltung „skiworldcup_gap" kommuniziert. Diese Kommunikation wurde zeitweise von Studierenden der Hochschule für angewandtes Management (HAM) durchgeführt, die für das Erstellen und Posten der Inhalte verantwortlich waren. Die daraus entstandenen Daten wurden den Studierenden im Nachgang für eine Auswertung zur Verfügung gestellt.

Ziel dieser Arbeit ist es, diese Daten auszuwerten und mit aktuellen Studienergebnissen gegenüberzustellen. Hierbei soll die Frage beantwortet werden, ob und inwiefern die erhobenen Daten aktuelle Studienergebnisse bekräftigen können oder nicht – und vice versa, was die aktuellen Studienergebnisse über die Datenauswertung des Events aussagen können.

Im Theorieteil der Arbeit werden hierzu zunächst der Begriff Kommunikation und die Kommunikationsmodelle von Watzlawick und Schulz von Thun vorgestellt. Anschließend wird es im Rahmen der Kommunikation in Zeiten der Digitalisierung eine Abgrenzung des Begriffs der Digitalisierung geben, ebenso wie eine Beschreibung der für den Praxisteil relevanten Bereiche Social Media und Social Media Marketing. Vor dem Hintergrund des Praxisbeispiels werden Events und ihre Charakteristika beschrieben.

Im Praxisteil der Arbeit wird zunächst das Event in Garmisch-Partenkirchen vorgestellt, die Datenerhebung und das daraus entstandene Datenmaterial beschrieben. Diese Daten werden anschließend ausführlich ausgewertet und mit verschiedenen Studien gegenübergestellt. Eine kritische Reflexion der Methodik sowie eine Beschreibung des

---

[1] Aus Gründen der besseren Lesbarkeit wird auf die gleichzeitige Verwendung der Sprachformen männlich, weiblich und divers (m/w/d) verzichtet. Sämtliche Personenbezeichnungen und personenbezogenen Hauptwörtern gelten gleichermaßen für alle Geschlechter.

zukünftigen Forschungsbedarfs runden die Arbeit ab.

2. Kommunikation

2.1 Begriffsabgrenzung: Kommunikation

Es existiert keine allgemein gültige Definition des Begriffs Kommunikation. Verschiedene Autoren nutzen verschiedene Erklärungsansätze. Die für diese Arbeit gewählte Begriffsdefinition beschreibt Kommunikation als „Übermittlung von Informationen und Bedeutungsinhalten zum Zweck der Steuerung von Meinungen, Einstellungen, Erwartungen und Verhaltensweisen bestimmter Adressaten gemäß spezifischer Zielsetzungen." (Bruhn, 2012, S. 3).

Was vielen Wissenschaftlern, die sich mit dem Begriff und dem Thema der Kommunikation auseinandersetzen gemein ist, ist dass ihre Erklärungsansätze auf den Kommunikationsmodellen von Paul Watzlawick und Friedemann Schulz von Thun aufbauen. Deren Modelle „Fünf Axiome" (Watzlawick) und die „Vier Seiten einer Nachricht" (Schulz von Thun) gelten als konzeptionelle Klassiker und werden daher als Grundlage für die Entwicklung eines tieferen Verständnisses des Wesens der Kommunikation beschrieben.

2.2 Die „Fünf Axiome" von Paul Watzlawick

Bei der Analyse zwischenmenschlicher Kommunikation versuchte Paul Watzlawick Grundeigenschaften dieser zu identifizieren und zu beschreiben. Er betonte, dass es sich bei seinen beschriebenen und nachfolgend dargestellten „Fünf Axiomen" nicht um vollständige und endgültige Fakten, sondern eher um provisorische Formulierungen handele. (Vgl. Watzlawick, Beavin & Jackson, 2017, S. 57)

1. Axiom: Die Unmöglichkeit, nicht zu kommunizieren

Die Kommunikation beinhaltet neben der Sprache bzw. dem Gesagten, auch das Verhalten jeder Art, wie bspw. die Körpersprache und Körperhaltung sowie paralinguistische Phänomene wie der Tonfall oder die Schnelligkeit der Sprache. Der Tatsache folgend, dass Menschen irgendetwas von den genannten Verhaltensweisen immer bzw. immer nicht tuen, verhalten sich Menschen auch immer und kommunizieren somit auch dauerhaft. Dabei ist es irrelevant, ob dies bewusst oder unbewusst geschieht. Auch wenn es scheinbare Möglichkeiten gibt, nicht zu kommunizieren, bspw. in dem geschwiegen wird, ist auch das Schweigen eine Verhaltensweise und somit eine Art der

Kommunikation. Kommunikation ist somit allgegenwärtig und findet grundsätzlich statt. (Vgl. Watzlawick, Beavin & Jackson, 2011, S. 58 f.)

2. Axiom: Die Inhalts- und Beziehungsaspekte der Kommunikation

Jede Kommunikation besitzt einen Inhalts- und einen Beziehungsaspekt. Der Inhaltsaspekt umfasst den reinen Inhalt bzw. die Daten der vermittelten Nachricht, während der Beziehungsaspekt bestimmt, wie die Daten vom Empfänger der Nachricht aufgenommen werden sollen. Der Sender gibt hierbei Preis wie er die Beziehung zum Empfänger sieht. Als Folge hiervon kann der Inhaltsaspekt zugunsten des Beziehungsaspektes an Bedeutung verlieren, da dieser in der Regel der dominantere von beiden ist. (Vgl. Watzlawick, Beavin & Jackson, 2011, S. 61 ff.)

3. Axiom: Die Interpunktion von Ereignisfolgen

Beteiligte einer Kommunikation nehmen oft subjektiv einen Startpunkt der Kommunikation wahr. Dieser Kommunikationsstart existiert in dieser Form nicht. Kommunikation ist ein Kreislauf, in dem jede Aktion eine Reaktion ist. Dies hat zur Folge, dass dieser Kreislauf als System einer wechselseitigen Beeinflussung der beteiligten Kommunikationsparteien beschrieben werden kann. (Vgl. Watzlawick, Beavin & Jackson, 2011, S. 65 ff.)

4. Axiom: Digitale und analoge Kommunikation

Kommunikation beinhaltet digitale und analoge Aspekte. Digital bedeutet in diesem Zusammenhang die Kommunikation eindeutig interpretierbarer Informationen, wie z.B. das Schenken eines Geschenks. Der analoge Aspekt umfasst nicht eindeutig interpretierbare Informationen und kann vom Empfänger unterschiedlich interpretiert werden. So kann dieses Geschenk z.B. als freundliche Geste aber auch als Entschuldigung für vorangegangenes Fehlverhalten gesehen werden. (Vgl. Watzlawick, Beavin & Jackson, 2011, S. 70 ff.)

5. Axiom: Symmetrische und komplementäre Interaktionen

Kommunikationsabläufe sind durch die Beziehung der Kommunikationsparteien zueinander bestimmt. Es werden symmetrische von komplementäreren Beziehungen unterschieden. Bei symmetrischen Beziehungen sehen sich die Kommunikationspartner auf Augenhöhe, während es in komplementären Beziehungen den Status eines superioren und eines inferioren Kommunikationspartner gibt, wie bspw. beim Lehrer-Schüler-Verhältnis. (Vgl. Watzlawick, Beavin & Jackson, 2011, S. 78 ff.)

2.3 Die „Vier Seiten einer Nachricht" von Schulz von Thun

Friedemann Schulz von Thun baute u.a. auf dem Modell von Watzlawick auf. Sein Kommunikationskonzept basiert auf der Annahme, dass jede Nachricht, die von einem Sender an einen Empfänger gesendet wird, gleichzeitig auf vier verschiedenen Ebenen gesendet bzw. empfangen wird. Die Senderebene muss dabei nicht der Empfängerebene entsprechen. (Vgl. Schulz von Thun, 2011, S. 14 f.)

Die vier Ebenen werden nachfolgend beschrieben:

1. Sachebene

Auf der Sachebene geht es um den sachlichen Inhalt der Nachricht, darum worüber informiert wird. Die Übermittlung von Daten und Fakten steht im Vordergrund. (Vgl. Schulz von Thun, 2011, S. 28)

2. Selbstoffenbarungsebene

Die Ebene der Selbstoffenbarung betrifft primär den Sender einer Nachricht. Dieser gibt zusätzlich zu den Sachinformationen auch Informationen über sich selbst preis. Dies kann sowohl durch eine bewusst gewählte Selbstdarstellung oder eine unfreiwillige Selbstenthüllung entstehen. (Vgl. Schulz von Thun, 2011, S. 29)

3. Beziehungsebene

Die Beziehungsebene gleicht dem 2. Axiom von Watzlawick. Der Sender der Nachricht vermittelt durch Verhaltensweisen wie z.B. durch den Tonfall der Nachricht wie er die Beziehung zum Empfänger der Nachricht sieht und zu diesem steht. (Vgl. Schulz von Thun, 2011, S. 30 f.)

4. Appellebene

Auf der Appellebene möchte der Sender der Nachricht auf den Empfänger in gewisser Art und Wiese Einfluss nehmen. Dies kann ein klar formulierter Appell sein oder etwas versteckter geschehen. (Vgl. Schulz von Thun, 2011, S. 32 f.)

Auch im digitalen Zeitalter hat sich die Art und Weise, wie Kommunikation funktioniert und was sie ausmacht, nicht verändert - unabhängig von den technischen Möglichkeiten heutzutage zu kommunizieren. Die Inhalte der Kommunikationsmodelle lassen sich auch auf die digitale Kommunikation übertragen. So ist bspw. das nicht antworten auf eine Nachricht in einem sozialen Netzwerk ebenso eine Verhaltensweise und damit eine Kommunikation. (Vgl. Pflüger, 2020, S. 85 ff.)

3. Kommunikation in Zeiten der Digitalisierung

3.1 Begriffsabgrenzung: Digitalisierung

Wenn es um digitale Kommunikation geht, ist es in diesem Zusammenhang wichtig, den Begriff der Digitalisierung zu beschreiben. Auch wenn die Digitalisierung kein Thema der Neuzeit ist, entwickelte sich bisher noch kein einheitliches Begriffsverständnis (vgl. Botzkoswski, 2018, S. 22 f.). Dies wird schon dadurch deutlich, dass Watzlawick das Wort „digital" in seinem Axiom eine völlig andere Bedeutung zukommen lässt, als es umgangssprachlich der Fall ist.

Den meisten Beschreibungsansätzen gemein ist, dass die Digitalisierung zunächst eine reine Umwandlung von analogen in digitale Daten darstellt. Dies können neben Texten auch Bilder oder Töne sein. Dies führt zu einer Reihe von neuen Möglichkeiten, wie z.B. die nahezu endlose Reproduzierbarkeit dieser Daten zu geringen Kosten, die schnelle weltweilte Verteilung der Daten, und neuen Möglichkeiten der maschinellen Auswertung und Weiterverarbeitung dieser Daten. (Vgl. Harwardt, 2022, S. 3)

Auch Unternehmen nutzen diese digitalen Möglichkeiten, vor allem via Social Media zunehmend, um mit ihren Kunden zu kommunizieren, wie sich in folgendem Kapitel zeigen wird.

3.2 Social Media

Begriffsabgrenzung

Der Begriff Social Media kann aus unterschiedlichen Perspektiven beschrieben werden.

Als Social Media (dt. „sozialen Medien") können grundsätzlich „Online-Medien und -Technologien subsumiert" werden, „die es den Internet-Nutzern ermöglichen, einen Informationsaustausch und eine Zusammenarbeit online zu erreichen" (Kreutzer, 2018, S. 1f.). Zu den sozialen Medien zählen neben sozialen Netzwerken wie Facebook, WhatsApp oder Snapchat, auch Media-Sharing-Plattformen wie YouTube, Instagram und Pinterest. Ebenso werden Blogs, Online-Foren und Online-Communitys zu ihnen hinzugezählt. (Vgl. Kreutzer, 2018, S. 2)

Es existieren Begriffserweiterungen und Denkanstöße, nach denen nicht die Technologien der sozialen Medien, sondern die Art und Weise wie die Nutzer mit ihnen umgehen das Herz von Social Media ausmachen (vgl. Pein, 2020, S. 26).

Bedeutung von Social Media

Social Media kommt in der heutigen Welt eine eminente Bedeutung zu. Eine Studie aus dem Januar 2023 zeigte, dass rund 4,76 Milliarden Menschen aktiv Social Media nutzen. Im Jahr 2013 waren es noch 1,72 Milliarden aktive Nutzer. (Vgl. wearesocial, 2023, S. 161)

Im Jahr 2023 waren die nach Nutzerzahlen größten Plattformen Facebook (2,96 Milliarden Nutzer), gefolgt von YouTube (2,51 Milliarden Nutzer), WhatsApp und Instagram (beide 2 Milliarden Nutzer) (vgl. wearesocial, 2023, S. 182). Dabei ist wichtig zu erwähnen, dass sich kaum ein Nutzer nur auf einer einzigen Plattform aufhält, sondern in der Regel auf deutlich mehr (vgl. wearesocial, 2023, S. 183). Dabei verbringen die Nutzer von Social Media im weltweiten Durchschnitt 2 Stunden und 31 Minuten täglich auf den unterschiedlichen Plattformen (vgl. wearesocial, 2023, S. 160).

Aus diesen Zahlen wird ersichtlich, welches Potenzial die sozialen Medien auch im beruflichen Kontext für Unternehmen besitzen, welches bereits seit Jahren zunehmend genutzt wird (vgl. Grimmer, 2018, S. 4). Dieses Potenzial schlägt sich in Zahlen nieder. Eine Umfrage aus dem Jahr 2022 zeigte u.a., dass 90% der Unternehmen auf Facebook, 79% auf Instagram und 61% LinkedIn aktiv sind und für Marketingzwecke nutzen (vgl. Statista, 2022a; vgl. Statista, 2022b).

Instagram

Da für den Praxisteil die Plattform Instagram relevant ist, wird diese mit ihren wichtigsten Funktionen vorgestellt.

Das zu Facebook bzw. Meta gehörende Instagram ist eine 2010 erschienene Media-Sharing-Plattform, die es Nutzern erlaubt Fotos und Videos auf verschiedene Art und Weise hochzuladen und mit anderen Nutzern zu teilen sowie mit ihnen zu kommunizieren (vgl. Kreutzer, 2018, S. 110 f.).

Der eigene Feed ermöglicht es Beiträge, z.B. Fotos oder Videos zu posten, die dauerhaft unter dem eigenen Profil erscheinen. Die sogenannten Reels sind Kurzvideos, die in einer gesonderten Kategorie des Profils erscheinen. Die sogenannten Stories sind ein Format, in welchem hochgeladene Inhalte nach 24 Stunden automatisch verschwinden. Alle genannten Formate können von den Nutzern gelikt, kommentiert und geteilt werden. Beiträge und Reels können zusätzlich gespeichert werden. Dazu ist es möglich per Direktnachricht mit den jeweiligen Accounts in Kontakt zu treten. (Vgl. Instagram, 2023a).

Die sogenannten Instagram Insights geben Kanälen Zugriff auf getrackte Informationen, wie unter anderen die für diese Arbeit relevanten Interaktionen zwischen Nutzern und dem jeweiligen Account (vgl. Facebook.com, 2023).

3.3 Social Media Marketing

Unternehmen nutzen Plattformen wie Instagram und weitere soziale Medien heutzutage als festen Bestandteil ihres Marketingmix. In diesem Kontext ist der Begriff des Social Media Marketing (SMM) geläufig geworden. (Vgl. Pein, 2020, S. 65).

Begriffsabgrenzung

Social Media Marketing kann dabei als „Weiterentwicklung des klassischen Marketings und eine Form des Online-Marketings" beschrieben werden, „indem die Chancen und positiven Aspekte von Social Media Anwendungen, -Diensten und -Werkzeugen sowohl strategisch und operativ als auch aktiv und passiv für konkrete Marketingmaßnahmen durch markt- und zielgruppenorientierte Ansprache bestehender oder potenzieller neuer Kunden im Sinne der Unternehmensziele genutzt und gleichzeitig die negativen Aspekte und Risiken der Social Media Plattformen möglichst minimiert werden." (Haupt & Schöttl, 2015, S. 114). Die Ziele des SMM sind dabei aus den Unternehmenszielen und den generellen Marketingzielen abzuleiten (vgl. Kreutzer, 2018, S. 24).

Ziele vom Social Media Marketing

Die konkreten Ziele vom SMM sind vielfältig. Eine weltweit durchgeführte Umfrage ergab, dass vor allem die Steigerung der Bekanntheit, die Positionierung als Experte auf dem jeweiligen Gebiet, das Zeigen von Dialogbereitschaft, die Gewinnung neuer Kunden und der Customer Service angestrebte Ziele mit Hilfe von SMM sind (vgl. Kreutzer, 2018, S. 24). Die Steigerung der Bekanntheit liegt der Erkenntnis zugrunde, dass Beziehungen zu Marken und Unternehmen heutzutage zunehmend durch das Markenerlebnis in den sozialen Medien geprägt werden (vgl. Kreutzer, 2018, S. 24 f.). Die verschiedenen Plattformen bieten Unternehmen eine sehr gute Möglichkeit sich als Experte zu positionieren und ihre eigene Kompetenz herauszuarbeiten (vgl. Kreutzer, 2018, S. 25). Der Aufbau von Beziehungen zu Kunden wird durch die Einbindung in Informationsströme der Unternehmen und ihrer Tätigkeiten und dem möglichen direkten Informationsaustausch gefördert und zeigt die Dialogbereitschaft (vgl. Kreutzer, 2018, S. 25). Diese Dialogbereitschaft ist ein elementarer Baustein, wenn es um die Kommunikation mit aktuellen und zukünftigen Kunden geht, die es zum Ziel hat, möglichst viel mit diesen in direkten Kontakt zu treten (vgl. Gelbrich, Wünschmann &

Müller, 2018, S. 231). Auch das Gewinnen von Neukunden kann ein Grund sein, da zusätzliche Aufmerksamkeit für das Unternehmen und seine Produkte bzw. Dienstleistungen geschaffen wird (vgl. Kreutzer, 2018, S. 26). Eine erhöhte Bedeutung kommt auch dem Thema Customer Service zu. Es ist der Folge der Entwicklung, dass immer mehr Kunden ihre Serviceerwartungen über soziale Netzwerke äußern und die Unternehmen auf ihnen reagieren müssen (vgl. Kreutzer, 2018, S. 26 f.).

Auch im Rahmen von Events spielt das SMM eine große Rolle und wird vom Großteil der Veranstalter genutzt (vgl. Eventbrite, 2018). Hierbei können weitere Ziele vom SMM identifiziert werden. So kann der Integrationsgrad des Kunden - in diesem Kontext ist auch der Begriff des Fans passend – bereits im Vorfeld des Events erhöht werden, da er z.B. Teil der geteilten Eventvorbereitungen werden kann. Während das Event selbst i.d.R. nur an wenigen Tagen stattfindet, kann eine Vor- und Nachberichterstattung via Social Media den Kunden das Gefühl geben, ein längerer Teil des Events zu sein. Das Event kann somit zeitlich ausgedehnt werden. Die weltweite Nutzung von Social Media kann dafür sorgen, dass auch Menschen die sehr weit entfernt vom Eventstandort leben oder Personen die nicht wie geplant am Event teilnehmen können, aufgrund des audiovisuellen Charakters vieler Social Media Plattformen Eindrücke vom Event gewinnen können, zusätzlich zu den regulären Medien, die das Event übertragen, wie z.B. das Fernsehen. (Vgl. Zanger, 2013, S.8). Auch die emotionale Kundenbindung und das Erschaffen positiver Markeneffekte spielen im Rahmen des Einsatzes von Social Media eine große Rolle (vgl. Jahn & Zanger, 2013, S. 257).

4. Events

4.1 Begriffsabgrenzung: Event

Der bereits gefallene Begriff Event soll nun beschrieben bzw. abgegrenzt werden. Es existiert in der Literatur keine allgemein anerkannte und gültige Definition des Begriffs Event. Im weitesten Sinne können Events als einmalig stattfindende, erlebnisorientierte organisierte Ereignisse verstanden werden (vgl. Holzbaur et al., 2010, S. 1). Auf diesem Ansatz aufbauend, gibt es einige Merkmale bzw. Charakteristika, die viele Autoren in ihren Ansätzen beschreiben.

4.2 Charakteristika von Events

Events besitzen einige Charakteristika, die sie von anderen Veranstaltungen vergleichbarer Größenordnung unterscheiden.

Ein Event ist eine Veranstaltung, die zu einem Ereignis wird, in dieser Form einmalig stattfindet und die Besucher aktivieren möchte, um eine positive Wahrnehmung seitens dieser zu generieren. Es soll etwas Besonderes und Außergewöhnliches darstellen. Hinter einem Event steckt i.d.R. eine ausführliche Organisation mit zahlreichen Beteiligten. Die Vorbereitung des Events ist im Vergleich zum Event selbst deutlich umfangreicher und aufwendiger. Die Vorbereitung und Planung des Events sind demzufolge sehr wichtig, da ein bewusstes steuerndes Eingreifen während des Events meist nur beschränkt möglich ist. Der Erfolg oder Misserfolg eines Events ist stark von der subjektiven Wahrnehmung der Besucher abhängig. Ein Event lebt davon, dass es besucht wird, weshalb Marketing- und PR-Aktivitäten während der Vorbereitungs- bzw. Planungsphase unerlässlich sind. Besuchen weniger Teilnehmer das Event als erwartet, verfehlt es mit hoher Wahrscheinlichkeit seine Wirkung. (Vgl. Holzbaur et al., 2010, S. 1 f.; vgl. Dießl, 2009, S. 12 f.; vgl. Schlepper, 2014, S. 22 ff.).

Klassifizierung von Events

Events können etwa nach der Größe (z.B. Anzahl der teilnehmenden Sportler, Anzahl der Zuschauer, Anzahl der Betreuer/Beteiligten, Mediale Verbreitung), der Dauer (eintägig, mehrtägig) oder des Anlasses bzw. Inhalts (z.b. Sportevent, Kulturevent, Politikevent) klassifiziert werden (vgl. Dießl, 2009, S. 14 f.).

Ein für diese Arbeit weiteres relevantes Klassifizierungsmerkmal sind die verschiedenen Phasen eines Events. Hermanns und Riedmüller (2008) haben ein Phasenmodell für professionelle Sportveranstaltungen bzw. -events definiert. Die Pre-Event-Phase beschreibt aus Kundensicht den Zeitraum vom Entschluss ein Event besuchen zu wollen und endet mit dem Betreten des Eventgeländes. Die Force-Event-Phase kann aus Kundensicht in die Force-Event-Action-Phase und in die Force-Event-Non-Action-Phase unterteilt werden. Erstere beschreibt das Verfolgen der sportlichen Abläufe, letztere das Verfolgen des Rahmen- und Unterhaltungsprogramms des Events. Das Ende des Events leitet der Post-Event-Phase ein (S. 56).

Die bisher gesammelten theoretischen Erkenntnisse werden nun anhand eines Praxisbeispiels veranschaulicht.

5. Praxisbeispiel: Ski-Weltcup Garmisch-Partenkirchen

5.1 Beschreibung des Events

Der „Audi FIS Ski-Weltcup Garmisch-Partenkirchen" ist ein jährlich stattfindendes Ski-Turnier im bayrischen Garmisch-Partenkirchen.[2] Es beinhaltet mit dem Nachtslalom am Gudiberg und dem Kandahar-Rennen mehrere Wettbewerbe. Das Kandahar-Rennen findet bereits seit 1970 in Garmisch statt, der Gudiberg war 2023 das erste Mal seit elf Jahren als Gastgeber des Nachtslaloms wieder Austragungsstätte eines Ski-Weltcups. Der Weltcup zählt zu den wichtigsten im alpinen Skisport und wird im Januar oder Februar des jeweiligen Jahres ausgetragen. (Vgl. Skiweltcup Garmisch, 2023; Vgl. Süddeutsche Zeitung, 2023)

Den Auftakt des Audi FIS Ski-Weltcups Garmisch-Partenkirchen im Jahr 2023 machten am 04. Januar die Herren im Nachtslalom am Gudiberg. Der erste Durchgang fand ab 15:40 Uhr statt, die Finalrunde ab 18:45 Uhr. Das Kandahar-Rennen wurde auf den 28. und 29. Januar terminiert, musste allerdings wetterbedingt abgesagt werden. (Vgl. FIS-Ski, 2023)

Nach den in Kapitel 4.2 beschriebenen Charakteristika kann der Ski-Weltcup als Event klassifiziert werden.

5.2 Beschreibung der Datenerhebung

Im Rahmen des Moduls „Digitale Kommunikation im Sport" der HAM kam es zur Zusammenarbeit zwischen dem Kurs und den Veranstaltern des Events.

Die Studierenden des Kurses erhielten die Zugangsdaten für den Instagram-Account „skiworldcup_gap" (s. Abb. 1; vgl. Instagram, 2023b) im Zeitraum vom 28. Dezember 2022 bis zum 06. Januar 2023.

---

[2] FIS = Fédération Internationale de Ski

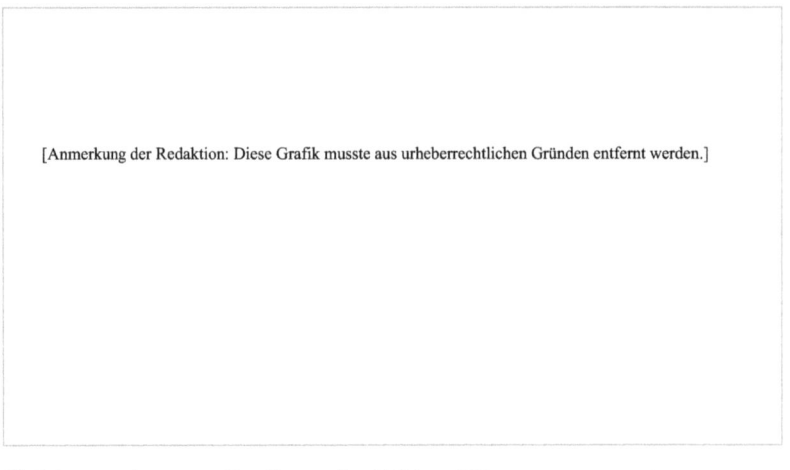

[Anmerkung der Redaktion: Diese Grafik musste aus urheberrechtlichen Gründen entfernt werden.]

Abb. 1: Instagram-Account von „skiworldcup_gap" am 16. Februar 2023

In Absprache mit den Dozenten waren sie am 03. und 04. Januar für das Erstellen und Posten der Inhalte, d.h. Beiträge, Stories, Reels etc. und die Kommunikation mit den Followern verantwortlich (s. Abb. 2; vgl. Instagram, 2023b).

[Anmerkung der Redaktion: Diese Grafik musste aus urheberrechtlichen Gründen entfernt werden.]

Abb. 2: Geteilte Stories und Beiträge während und nach dem Event (eigene Darstellung)

Wie in Kapitel 3.2 beschrieben, trackte Instagram in diesem Zeitraum alle relevanten Aktivitäten des Accounts. Diese Daten wurden den Studierenden im Anschluss für eine Auswertung zur Verfügung gestellt.

5.3 Beschreibung des Datenmaterials

Das vollständige Datenmaterial befindet sich im Anhang 1 bis 3.

Die Zeilen in Spalte A zeigen die jeweiligen Kategorien, zu denen Daten erhoben wurden. Diese sind in 7 Hauptkategorien und dazugehörige Unterkategorien gegliedert. In den Spalten B bis K befinden sich die Daten der jeweiligen Tage des Untersuchungszeitraum. In Spalte L befinden sich die Durchschnittswerte der jeweiligen Kategorien. Mit Hilfe der Zeilenangaben wird in Kapitel 5.4 auf die Daten verwiesen.

Der Zeitraum vom 28. Dezember 2022 bis zum 03. Januar 2023 wird als Pre-Event-Phase beschrieben. Der 04. Januar 2023 ist die Force-Event-Phase, der 05. und 06. Januar 2023 bilden die Post-Event-Phase.

Die Daten der meisten Kategorien wurden farblich aufbereitet. Farbliche Darstellungsweisen, wie die Nutzung von Farbskalen und Datenbalken helfen sich schneller einen Überblick über die Auswertung verschaffen zu können (vgl. Zelazny 2015, S. 229). In den genutzten Farbskalen ist ein Wert in einer Kategorie grüner je höher und roter je niedriger er ist, wie z.B. in Anhang 1 Zeile 6. Mit Hilfe von Datenbalken wurden Ausprägungen von Kategorien miteinander verglichen, wie z.B. Anhang 1 in den Zeilen 40 (Männer) und 41 (Frauen).

Die vorhandenen Prozentsätze wurden auf zwei Nachkommastellen gerundet.

5.4 Auswertung und Gegenüberstellung der Daten

Aus dem vorliegenden Datenmaterial werden nun sämtliche Kategorien beschrieben, ausgewertet und ausgewählten Studienergebnissen zu den jeweiligen Themen gegenübergestellt.

1) Allgemein

1.1) Geteilte Inhalte

Während des Zeitraums wurden insgesamt 28 Beiträge (ø 2,8), 185 Stories (ø 18,5) und 32 Reels (ø 3,2) geteilt. Alle drei Inhalte wurden in der Pre-Event- und der Force-Event-Phase am meisten geteilt. In der Post-Event-Phase fielen die geteilten Inhalte stark ab. (Vgl. Anhang 1, Z. 6 – 8)

Eine Studie fand heraus, dass erfolgreiche Instagram-Accounts[3] mind. 1,5 Posts am Tag absetzten, was für die Anzahl der geteilten Inhalte spricht (vgl. Pahrmann & Kupka, 2019,

---

[3] Erfolgreich bedeutet im Rahmen dieser Umfrage Accounts mit mehr als 50.000 Followern

12

S. 371).

1.2) Reichweite: Konten

Mit den geteilten Inhalten wurden im Durchschnitt 6.780 Konten pro Tag erreicht. Davon waren durchschnittlich 1.823 Konten (26,9%) Follower und 4.954 Konten (73,1%) keine Follower des Accounts. Am Tag direkt vor dem Event (11.042), am Tag des Events (17.642) und am Tag direkt nach dem Event (11.630) wurden die mit Abstand meisten Konten erreicht. (Vgl. Anhang 1, Z. 10 – 12)

1.3) Reichweite: Content

Die geteilten Beiträge wurden im Schnitt 2.350, die Stories 1.931 und die Reels 3.045 mal gesehen. Auch hier wurde am Tag direkt vor dem Event, am Tag des Events selbst und am Tag direkt nach dem Event die mit Abstand meiste Reichweite generiert. (Vgl. Anhang 1, Z. 14 – 17)

Setzt man die durchschnittliche Reichweite mit der durchschnittlichen Anzahl der jeweils abgesetzten Inhalte ins Verhältnis, erreicht ein Beitrag eine Reichweite von 839, eine Story 104 und ein Reel 951. Diese Ergebnisse können eine Studie bekräftigen, wonach Reels mehr Reichweite erzielen, als es Beiträge tun (vgl. Later, 2022).

1.4) Profilaktivitäten

Das Profil des Accounts wurde durchschnittlich 792 täglich aufgerufen, wobei auf den Tag direkt vor dem Event, den Tag des Events selbst und den Tag direkt nach dem Event die meisten Klicks fielen. 2,78% der Nutzer, die auf das Profil geklickt haben, haben auf den sich in der Bio befindlichen Link zur Website der Veranstaltung geklickt (vgl. Anhang 1, Z. 19 – 21).

Die Zahlen bekräftigen Studien, die zeigen, dass die Rate an Klicks auf Links in der Bio tendenziell gering ist (vgl. Statista, 2022c).

2) Erreichte Zielgruppe

2.1) Nach Ländern & 2.2) Nach Städten

Im gesamten Zeitraum kamen durchschnittlich 71,54% der erreichten Konten aus Deutschland, 6,13% aus Österreich und 3,22% aus der Schweiz. Somit entspringen 80,89% der erreichten Konten dem deutschsprachigen Raum. Auch Konten aus Italien und Polen waren an einigen, aber nicht allen Tagen in den meistvertretenden Ländern vertreten. (Vgl. Anhang 1, Z. 24 – 28).

Die hohen Zahlen aus Deutschland bzw. der Umgebung des Eventstandorts kann eine Studie bekräftigen, die zeigte, dass Sportveranstaltungen vor allem dann für Fans interessant sind, wenn sie im eigenen Land stattfinden (vgl. Nielsensports, 2019).

Aus der Perspektive der Städte kamen die meisten Konten aus Garmisch-Partenkirchen (5,32%), München (4,71%), Berlin (1,20%) und Hamburg (0,88%) (vgl. Anhang 1, Z. 30 – 33). Das hier neben dem Veranstaltungsort die nach Einwohneranzahl drei größten Städte Deutschlands vorkommen, könnte mit der flächendeckenden Nutzung von Instagram bei gleichzeitig hoher Urbanisierungsrate erklärt werden. (vgl. wearesocial Germany, S. 22).

2.3) Nach Altersgruppen & 2.4) Nach Geschlecht

27,33% der Besitzer der erreichten Konten waren in der Altersgruppe 18 - 24 Jahren. 25,88% in der Altersgruppe 25 – 34 Jahre, 16,18% in der Altersgruppe 35 – 44 Jahre und 14,49% in der Altersgruppe 45 – 54 Jahre (vgl. Anhang 1, Z. 35 – 38). Die prozentuale Verteilung der Altersgruppen der erreichten Konten entspricht damit in etwa der durchschnittlichen Altersverteilung der Instagram-Nutzer und kann bekräftigen, dass eher Menschen jüngerer Altersgruppen auf Instagram aktiv sind (vgl. wearesocial, 2023, S. 248).

Im Schnitt wurden dabei 58,30% Männer und 41,53% Frauen erreicht. (vgl. Anhang 1, Z. 40 – 41). Diese Verteilung kann zunächst nicht auf die generelle Verteilung männlicher (49%) und weiblicher Nutzer (51%) von Instagram zurückzuführen sein (vgl. Statista, 2022d). Eine Erklärung könnte das erhöhte Interesse von Männern (31%) am alpinen Skisport im Gegensatz zu den Frauen (23%) sein, was sich auch in den Instagram-Zahlen widerspiegelt (vgl. Statista, 2017).

3) Interaktionen

Im Schnitt interagierten 439 Konten täglich mit dem Account. Hierbei waren durchschnittlich 363,7 Konten (82,9%) Follower und 74,8 Konten (17,1%) keine Follower des Accounts. Die mit Abstand meisten Interaktionen gab es am Eventtag und am Tag nach dem Event. (vgl. Anhang 2, Z. 47 – 49). Dies bekräftigt Studien, die zeigen, dass die Interaktionsrate von Nutzern höher ist, wenn sie auch Follower des Accounts sind (vgl. Hootsuite, 2023).

3.1) Content-Interaktionen

Durchschnittliche gab es 854 Content-Interaktionen täglich. Likes auf Beiträge waren mit durchschnittlich 567,2 Likes für die meisten Interaktionen verantwortlich, gefolgt von Likes auf Reels mit durchschnittlich 259,8 Likes. Beiträge (14,1) werden öfter kommentiert als Reels (0,8), wogegen das Speichern von Beiträgen (6,1) und Reels (5,3) relativ ausgeglichen oft passiert. (Vgl. Anhang 2, Z. 51 – 60)

Setzt man die durchschnittliche Anzahl der Interaktionen von Beiträgen und Reels mit der durchschnittlichen Anzahl abgesetzter Beiträge und Reels ins Verhältnis, wird ersichtlich, dass ein Beitrag für ca. 209 Interaktionen verantwortlich ist, ein Reel für 83 Interaktionen. Dies kann eine Studie nicht bekräftigen, die zeigte, dass Reels im Durchschnitt mehr Interaktionen mit sich bringen, als es bei Beiträgen der Fall ist (vgl. Later, 2022).

4) Erreichte Zielgruppe, die interagiert hat

4.1) Nach Ländern & 4.2) Nach Städten

78,41% der interagierenden Konten kamen aus Deutschland, 5,39% aus Österreich und 2,22% aus Italien. Konten aus der Schweiz und aus Polen interagierten, allerdings nicht jeden Tag. (Vgl. Anhang 2, Z. 63 – 67)

11,98% der interagierenden Konten kamen aus Garmisch-Partenkirchen. Mit 5,33% der interagierenden Konten stellte München die zweitmeisten Nutzer. (Vgl. Anhang 2, Z. 69 – 74)

4.3) Nach Altersgruppen & 4.4) Nach Geschlecht

Durchschnittlich 38% der interagierenden Konten waren Benutzer in der Altersgruppe von 18 – 24 Jahren. 19% in der Altersgruppe 25 – 34 Jahre und jeweils 13% in den Altersgruppen 35 – 44 Jahre sowie 45 – 54 Jahre. Dabei haben mit 59,2% mehr Männer als Frauen mit 40,8% interagiert. (Vgl. Anhang 2, Z. 76 – 82)

Die Zahlen bekräftigen die Aussage, dass die Interaktionsraten steigen je jünger die Zielgruppe ist (vgl. Grabs, 2018, S. 284).

4.5) Interagierende

Durchschnittlich 625,9 (58,7%) der interagierenden Konten waren Follower, 440,8 (41,3%) Konten waren keine Follower des Accounts (vgl. Anhang 2, Z. 84 – 85). Dies bekräftigt tendenziell erneut Studien, die zeigen, dass die Interaktionsrate von Nutzern höher ist, wenn sie auch Follower des Accounts sind. (Vgl. Hootsuite, 2023).

5) Follower

Die Followerzahl steigerte sich von 3.002 Followern am ersten Tag des Untersuchungszeitraum auf 3.379 am letzten Tag kontinuierlich um insgesamt 377 Follower, was einem Plus von rund 12,5% entspricht. Die größten Followersprünge verzeichnete der Account zwischen dem vorletzten Tag vor dem Event und dem zweitletzten Tag nach dem Event. (vgl. Anhang 3, Z. 91 – 92).

Eine Studie zeigt, dass die Followerzahl während eines Events um 2,2% und am Tag nach dem Event um 1,6% steigt (vgl. Hootsuite, 2021). Zumindest die steigende Tendenz der Zahlen kann mit den vorliegenden Daten und den Sprüngen vom Vortag des Events auf den Eventtag (+0.83%) und vom Eventtag auf den Tag nach dem Event (+1,37%) grundsätzlich bekräftigt werden.

6) Zielgruppe Follower

6.1) Nach Ländern & 6.2) Nach Städten

Im Schnitt kamen 61,98% der Follower aus Deutschland, 5,62% aus Österreich und 5,66% aus Italien. Auch Konten aus der Schweiz, Polen und den USA waren stellenweise in den meistvertretenden Ländern vertreten. Garmisch-Partenkirchen stellte mit 11,18% durchschnittlich die meisten Follower, gefolgt von München mit 5,52% und Berlin mit 0,93%. (vgl. Anhang 3, Z. 95 – 106).

6.3) Nach Altersgruppen & 6.4) Nach Geschlecht

Die Gesamtheit der Follower teilte sich durchschnittlich mit 19,86% in der Altersgruppe 18 – 24 Jahre, 24,2% in der Gruppe 25 – 34 Jahren, 21,55% in der Altersgruppe 35 – 44 Jahre und 19,82% in der Altersgruppe 45 – 54 Jahre relativ gleichmäßig auf (vgl. Anhang 3, Z. 108 – 114). Dabei standen durchschnittlich 65% männliche Follower 35% weiblichen Follower gegenüber.

7) Aktivste Zeiten

Die meisten Follower (18,01%) waren durchschnittlich im Zeitraum von 18 – 21 Uhr aktiv, gefolgt von 16,97% im Zeitraum von 15 – 18 Uhr und 16,21% im Zeitraum von 12 – 15 Uhr. Einzig an den beiden Wochenendtagen war der aktivste Zeitraum der von 15 – 18 Uhr. (Vgl. Anhang 3, Z. 116 – 123)

Studien, die zeigen, dass Posts, die um 18:30 gepostet werden am erfolgreichsten sind, können anhand der Daten grundsätzlich bekräftigt werden, da sie mit der aktiven Zeit der Nutzer korrelieren (vgl. Grabs, Bannour & Vogl, 2018, S. 284).

Zusammenfassung der Auswertung und Gegenüberstellung

Zusammenfassend lässt sich feststellen, dass es in fast allen Kategorien am und um den Eventtag am meisten Aktivitäten gab. Weiter ging der Großteil dieser Aktivitäten von Konten aus Deutschland aus, wobei insgesamt durchschnittlich mehr Männer als Frauen erreicht wurde bzw. aktiv waren. Im Schnitt waren die jüngeren Altersgruppen (bis 34 Jahre) aktiver als die älteren (ab 35 Jahren). Der vorliegende Datensatz konnte 11 von 12 Vergleichsstudien zu den jeweiligen Themen bekräftigen. In der Gegenüberstellung konnte eine einzige Studie nicht bekräftigt werden.

Somit lässt sich bilanzieren, dass die Auswertung der Daten den Ergebnissen der Studien zum Großteil entspricht. Die Eventdaten stellen somit keinen statistischen Ausreißer dar.[4] Die Datenauswertung kann die ausgewählte Studienlage bekräftigen. Die Studien könnten sich zur Bekräftigung ihrer Ergebnisse wiederum auf diese Datenauswertung beziehen.

5.5 Kritische Reflexion und zukünftiger Forschungsbedarf

Im Rahmen einer wissenschaftlichen Arbeit ist eine kritische Auseinandersetzung mit der angewandten Methodik wichtig (vgl. Ziegler, 2019, S. 194).

An erster Stelle muss festgestellt werden, dass eine begrenzte Anzahl an Vergleichsstudien genutzt wurde, was eine begrenzte Aussagekraft impliziert. Auch die Auswahl der Vergleichsstudien kann trotz des Gütekriteriums der Objektivität nie ganz von der Subjektivität des Forschenden getrennt werden (vgl. Krebs & Menold, 2019, S. 490 f.). Somit könnten andere Forschende, die sich anderer Vergleichsstudien bedienen potenziell zu anderen Ergebnissen kommen. Weiter soll klargestellt werden, dass es sich bei der Auswertung der Daten um eine rein quantitative Auswertung handelt. Die Qualität der geteilten Inhalte wurde nicht analysiert. Dazu ist der Untersuchungszeitraum eingegrenzt gewesen. Für weitreichendere Auswertungen und Interpretationen wäre ein längerer Untersuchungszeitraum sinnvoll. Dazu könnte eine jährliche Auswertung des Social Media- bzw. Instagram-Auftritts des Events erfolgen, um die Daten langfristig miteinander vergleichen und Entwicklungen erkennen zu können. Hierbei können auch andere Events desselben Veranstalters, wie z.B. das Kandahar-Rennen ausgewertet und für einen Vergleich herangezogen werden. Die Breite des Themas bringt auch eine Breite an Studien zu den jeweiligen Punkten mit sich, die zwar oft ähnliche Thema behandeln sich aber in der Art des Forschungsdesigns unterscheiden könnte. Deshalb ist es sinnvoll,

---

[4] Als statistische „Ausreißer" werden einzelne Werte bezeichnet, die aus bekannten oder unbekannten Gründen besonders stark (positiv oder negativ) vom erwartbaren mittleren Niveau der Messreihe abweichen (vgl. Baur & Blasius, 2019, S. 1453).

die Datenauswertung mit sogenannten Meta-Studien gegenüberzustellen. Diese fassend verschiedene Primäruntersuchungen zusammen und sind somit ein validerer Vergleichsgegenstand, da sie ein umfangreicheres Gesamtbild der Datenlage vermitteln, als es einzelne ausgewählte Vergleichsstudien tun. (Vgl. Eisend, 2020, S. 2 f.)

6. Fazit

Das Ziel dieser Arbeit war es, das vorhandene Datenmaterial des Ski-Weltcups Garmische-Partenkirchen auswerten und festzustellen, ob dieses aktuelle Studienergebnisse zu verschiedenen Themen der Instagram-Nutzung bekräftigen kann oder nicht.

Es wurde ein theoretischer Überblick über die Themen Kommunikation und Kommunikationsmodelle gegeben. Der Begriff der Digitalisierung wurde abgrenzt, die damit zusammenhängenden Bereiche Social Media und Social Media Marketing beschrieben. Der Begriff des Events wurde beschrieben, Charakteristika dieser identifiziert. Die breite Datengrundlage, die in der Literatur zu den verschiedenen Themen existiert, zeigt die Relevanz und Aktualität der Themen auf.

Die theoretischen Erkenntnisse mündeten im Praxisteil der Arbeit. Dieser umfasste die Beschreibung des Events, der Datenerhebung und die Beschreibung des Datenmaterials. Es folgte eine umfangreiche und detaillierte Auswertung und Gegenüberstellung der Daten mit aktuellen Studienergebnisse zu den jeweiligen Themen. Diese zeigten, dass die Daten den Studienergebnissen zum größten Teil entsprachen und die Studien somit bekräftigen können. Die Zusammenfassung der Auswertung kann nicht als statistischer Ausreißer beschrieben werden. Es wurde sich kritisch mit der eigenen Vorgehensweise auseinandergesetzt. Das Aufzeigen von Möglichkeiten für den zukünftigen Forschungsbedarf rundete die Arbeit damit ab.

Literaturverzeichnis

Baur, N., & Blasius, J. (2019). Multivariate Datenstrukturen. In Baur, N., & Blasius, J. (Hrsg.), *Handbuch. Methoden der empirischen Sozialforschung*. Springer Vieweg.

Botzkowski, T. (2017). *Digitale Transformation von Geschäftsmodellen im Mittelstand. Theorie, Empirie und Handlungsempfehlungen*. Gabler.

Bruhn, M. (2012). *Unternehmens- und Marketingkommunikation: Handbuch für ein integriertes Kommunikationsmanagement*. Franz Vahlen.

Dießl, E. (2009). *Management von Sportgroßveranstaltungen: Unter besonderer Berücksichtigung des Stakeholdermanagements*. Diplomica Verlag.

Eisend, M. (2020). *Metaanalyse*. Rainer Hampp Verlag.

Eventbrite (2018). *Nutzung von Social Media für Events*. Abgerufen am 16. Februar von https://www.eventbrite.de/blog/akademie/social-media-fuer-events-umfrage-2018-ds00/

Facebook (2023). *About Instagram insights*. Facebook.com. Abgerufen am 15. Februar 2023 von https://www.facebook.com/help/instagram/788388387972460?helpref=faq_conte nt

FIS-Ski. (2023). *Calendar & Results*. FIS-Ski.com. Abgerufen am 12. Januar 2023 von https://www.fis-ski.com/DB/alpine-skiing/calendar-results.html?eventselection=&place=&sectorcode=AL&seasoncode=2023&categ orycode=WC&disciplinecode=&gendercode=&racedate=&racecodex=&nationco de=&seasonmonth=X-2023&saveselection=-1&seasonselection=

Gelbrich, K., Wünschmann, S., & Müller, S. (2018). *Erfolgsfaktoren des Marketing*. Franz Vahlen.

Grabs, A., Bannour, K., & Vogl, E. (2018). *Follow me! Erfolgreiches Social Media Marketing mit Facebook, Instagram, Pinterest und Co.*. Rheinwerk Verlag.

Harwardt, M. (2022). *Management der digitalen Transformation: Eine praxisorientierte Einführung*. Springer Fachmedien Wiesbaden GmbH.

Haupt, T., & Schöttl, K. (2016). Social Media Marketing im Spitzensport. In Schneider, A., Köhler, J., Schumann, F. (Hrsg.), *Sport im Spannungsfeld zwischen Medien und Psychologie. Angewandte Forschung im Sport*. Springer VS.

Hermanns, A. & Riedmüller, F. (2008): Die duale Struktur des Sportmarktes. In: A. Hermanns & F. Riedmüller (Hrsg.), *Management-Handbuch: Sport Marketing*. München, Vahlen.

Holzbaur, U., Jettinger, E., Knauß, B., Moser, R., Zeller, M., & Knauß, B. (2010). *Eventmanagement: Veranstaltungen professionell zum Erfolg führen*. Springer Berlin / Heidelberg.

Hootsuite (2023, 24. Januar). *34 Instagram Stats Marketers Need to Know in 2023*. Hootsuite.com. Abgerufen am 13. Februar 2023 von https://blog.hootsuite.com/instagram-statistics/#Instagram_Story_stats

Instagram (2023a). *Features*. Instagram.com. Abgerufen am 15. Februar 2023 von https://about.instagram.com/de-de/features

Instagram (2023b) *skiworldcup_gap*. Instagram.com. Abgerufen am 16. Februar von https://www.instagram.com/skiworldcup_gap/

Jahn, S. & Zanger, C. (2013). Events und Social Media. In M. Bruhn & K. Handwich (Hrsg.), *Dienstleistungsmanagment und Social Media*. Springer Fachmedien.

Krebs, D., & Menold, N. (2019). Gütekriterien quantitativer Sozialforschung. In Baur, N., & Blasius, J. (Hrsg.), *Handbuch. Methoden der empirischen Sozialforschung*. Springer Vieweg.

Kreutzer, R. T. (2018). *Social-Media-Marketing kompakt: Ausgestalten, Plattformen finden, messen, organisatorisch verankern*. Springer Fachmedien Wiesbaden GmbH.

Later (2022, 15. Juni). *How Reels Have Impacted Feed Post Performance*. Later.com. Abgerufen am 16. Februar 2023 von https://later.com/blog/instagram-reels-engagement/

Nielsensports (2019). *Global Sports Media Consumption Report*. Nielsensports.com. Abgerufen am 12. Februar 2023 von https://nielsensports.com/global-sports-media-consumption-report-2019/

Pahrmann, C., & Kupka, K. (2019). *Social Media Marketing - Praxishandbuch für Twitter, Facebook, Instagram & Co.*. o'Reilly.

Pein, V. (2020). *Social Media Manager: Das Handbuch für Ausbildung und Beruf*. Rheinwerk Verlag.

Pflügler, S. (2020). *Kommunikation für die digitale Ära: Wie wir heute miteinander reden – und was dabei immer noch wichtig ist.* Redline Verlag.

Schlepper, F. (2014). *Vermarktung von Sportveranstaltungen: Entwicklung eines Erfolgsmodells am Beispiel des Münster-Marathons.* Springer Fachmedien Wiesbaden GmbH.

Schulz von Thun, F. (2011). *Miteinander reden 1. Störungen und Klärungen. Allgemeine Psychologie der Kommunikation.* Rowohlt Taschenbuch Verlag.

Skiweltcup Garmisch. (2023). *Nachtslalom am Gudiberg.* skiweltcup-garmisch.com. Abgerufen am 12. Februar 2023 von https://www.skiweltcup-garmisch.com/startseite/gudiberg/

Statista (2017). *Welche Wintersport-Disziplinen sind für Sie im Fernsehen von besonderem Interesse?.* Statista.com. Abgerufen am 14. Februar 2023 von https://de.statista.com/statistik/daten/studie/785805/umfrage/interesse-an-wintersport-disziplinen-im-fernsehen-nach-geschlecht/

Statista (2022a). *Anteil der Unternehmen, die folgende Social-Media-Plattformen nutzen weltweit im Januar 2022.* Statista.com. Abgerufen am 15. Februar 2023 von https://de.statista.com/statistik/daten/studie/71251/umfrage/einsatz-von-social-media-durch-unternehmen/

Statista (2022b). *Welche Social-Media-Plattform ist für Ihr Unternehmen am wichtigsten?.* Statista.com. Abgerufen am 15. Februar 2023 von https://de.statista.com/statistik/daten/studie/463928/umfrage/wichtigste-social-media-plattformen-fuer-marketingverantwortliche/

Statista (2022c). *Average engagement rate on Instagram posts with usage of 'link in bio' caption as of January 2022, by type of post.* Statista.com. Abgerufen am 16. Februar 2023 von https://www.statista.com/statistics/1330069/instagram-engagement-rate-posts-link-in-bio-by-type/

Statista (2022d). *Anteil der befragten Instagram-Nutzer nach Geschlecht in Deutschland im Jahr 2022.* Statista.com. Abgerufen am 14. Februar 2023 von https://de.statista.com/statistik/daten/studie/1341907/umfrage/geschlecht-von-instagram-nutzern-in-deutschland/

Süddeutsche Zeitung (2023, 04. Januar). *Ein bisschen Ballermann am Gudiberg.* Süddeutsche.de.   Abgerufen   am   16.   Februar   2023   von https://www.sueddeutsche.de/sport/ski-weltcup-garmisch-nachtslalom-1.5726385

Watzlawick, P., Beavin, J. H., & Jackson, D. D. (2011). *Menschliche Kommunikation. Formen, Störungen, Paradoxien* (12. Aufl.). Bern: Hogrefe Verlag.

Wearesocial (2023). *Digital 2023 Germany.* Wearesocial.com. Abgerufen am 15. Februar 2023 von https://wearesocial.com/de/blog/2023/01/digital-2023/

Wearesocial (2023). *Digital 2023 Global Overview Report.* Wearesocial.com. Abgerufen am 15. Februar 2023 von https://wearesocial.com/uk/blog/2023/01/digital-2023/

Zanger, C. (2013). *Events im Zeitalter von Social Media: Stand und Perspektiven der Eventforschung.* Springer Fachmedien Wiesbaden GmbH.

Zelazny, G. (2015). *Wie aus Zahlen Bilder werden. Der Weg zur visuellen Kommunikation – Daten überzeugend präsentieren.* Springer Fachmedien Wiesbaden GmbH.

Ziegler, M. (2019). Marktforschung. In Baur, N., & Blasius, J. (Hrsg.), *Handbuch. Methoden der empirischen Sozialforschung.* Springer Vieweg.

Anhangsverzeichnis

	A	B	C	D	E	F	G	H	I	J	K	L
Phase		Pre-Event-Phase					Force-Event-Phase			Post-Event-Phase		Durchschnittswerte/
Wochentag		Mittwoch	Donnerstag	Freitag	Samstag	Sonntag	Montag	Dienstag	Mittwoch	Donnerstag	Freitag	Vergleichswerte
Datum		28.12.22	29.12.22	30.12.22	31.12.22	01.01.23	02.01.23	03.01.23	04.01.23	05.01.23	06.01.23	
1) Allgemein												
1.1) Geteilte Inhalte												
Beiträge		3	3	3	3	4	4	2	5	1	0	2,8
Stories		16	18	18	24	27	33	14	34	1	0	18,5
Reels		4	5	5	5	5	6	0	2	0	0	3,2
1.2) Reichweite: Konten												
Erreichte Konten		3.063	2.464	6.779	5.882	1.803	3.776	11.042	17.642	11.630	3.714	6.780
Davon Follower		1.769	1.415	1.363	1.304	1.418	1.783	2.195	2.419	2.504	2.059	1.823
Davon keine Follower		1.294	1.049	5.416	4.578	385	1.993	8.847	15.200	9.126	1.655	4.954
1.3) Reichweite: Content												
Beiträge		2.928	684	388	249	1.422	1.982	3.388	10.000	1.768	692	2.350
Stories		931	861	676	851	1.010	1.343	1.778	7.440	3.192	1.231	1.931
Reels		285	1.741	6.361	4.808	337	3.181	9.663	2.282	1.558	235	3.045
Videos		18	15	22	16	11	31	77	89	38	13	33
1.4) Profilaktivitäten												
Profilaufrufe		266	127	117	86	159	557	1.627	3.425	1.118	440	792
Auf die Website geklickt		9	8	11	8	8	21	54	80	11	10	22
Auf die Website geklickt in %		3,38%	6,30%	9,40%	9,30%	5,03%	3,77%	3,32%	2,34%	0,98%	2,27%	2,78%
2) Erreichte Zielgruppe												
2.1) nach Ländern												
Deutschland		73,50%	74,30%	73,40%	73,40%	73,40%	73,40%	69,30%	70,10%	68,10%	66,50%	71,54%
Österreich		7,30%	6,20%	5,70%	5,70%	5,60%	5,60%	6,00%	6,70%	6,10%	6,40%	6,13%
Schweiz		4,50%	3,40%	3,20%	3,20%	3,20%	3,20%	2,90%	2,50%	2,80%	3,30%	3,22%
Italien		3,35%	3,00%	3,30%	3,30%	3,30%	3,30%	3,00%	2,50%	2,90%	3,90%	
Polen												
2.2) nach Städten												
Garmisch-Partenkirchen		5,80%	5,10%	5,30%	5,30%	5,20%	5,20%	5,10%	5,40%	5,40%	5,40%	5,32%
München		5,90%	5,00%	4,70%	4,70%	4,60%	4,60%	4,70%	4,30%	4,30%	4,30%	4,71%
Berlin		1,20%	1,30%	1,30%	1,30%	1,30%	1,30%	0,90%	1,00%	1,10%	1,30%	1,20%
Hamburg		0,70%	0,80%	0,90%	0,90%	0,80%	0,80%	1,20%	1,00%	0,90%	0,80%	0,88%
2.3) nach Altersgruppen												
18-24 Jahre		28,60%	28,40%	27,20%	27,20%	27,10%	27,30%	27,20%	26,10%	26,00%	28,20%	27,33%
25-34 Jahre		24,70%	25,50%	25,60%	25,70%	25,90%	25,60%	25,30%	25,90%	26,30%	28,30%	25,88%
35-44 Jahre		15,40%	16,00%	16,70%	16,60%	16,60%	15,90%	16,20%	16,30%	16,00%	16,10%	16,18%
45-54 Jahre		13,80%	14,00%	14,70%	14,70%	14,60%	14,90%	15,10%	15,10%	14,60%	13,40%	14,49%
2.4) nach Geschlecht												
Männer		67,20%	60,20%	57,40%	57,30%	57,20%	57,20%	57,5%	57,0%	55,40%	56,10%	58,30%
Frauen		32,20%	39,70%	42,50%	42,60%	42,70%	42,70%	42,5%	43,0%	43,60%	43,80%	41,53%

Anhang 1: Datenmaterial_Zeile 1 - 41

	B	C	D	E	F	G	H	I	J	K	L
Phase				Pre-Event-Phase				Force-Event-Phase	Post-Event-Phase		
Wochentag	Mittwoch	Donnerstag	Freitag	Samstag	Sonntag	Montag	Dienstag	Mittwoch	Donnerstag	Freitag	Durchschnittswerte/
Datum	28.12.22	29.12.22	30.12.22	31.12.22	01.01.23	02.01.23	03.01.23	04.01.23	05.01.23	06.01.23	Vergleichswerte
3) Interaktionen											
Konten die interagiert haben	471	204	195	51	184	425	608	955	963	329	439
Wie viele waren davon Follower?	394	184	186	44	178	274	407	822	854	294	363,7
Wie viele waren keine Follower?	77	20	9	7	6	151	201	133	109	35	74,8
3.1) Content-Interaktionen											
Gesamt	501	223	210	54	191	510	925	2.768	2.624	537	854
Bei Beiträgen											
Likes	489	65	23	10	172	218	510	1.951	1.829	405	567,2
Kommentare	3	1	1	0	2	2	8	66	58	0	14,1
Gespeicherte Inhalte	4	1	0	0	1	1	6	24	21	3	6,1
Bei Reels											
Likes	3	154	183	42	15	282	391	706	696	126	259,8
Kommentare	0	0	0	0	0	0	2	4	2	0	0,8
Gespeicherte Inhalte	0	2	2	1	1	6	7	17	16	1	5,3
Geteilte Inhalte	0	0	0	1	0	1	1	0	0	0	
4) Erreichte Zielgruppe, die interagiert hat											
4.1) nach Ländern											
Deutschland	80,50%	79,00%	79,40%	79,60%	80,00%	80,00%	73,60%	75,70%	78,00%	78,30%	78,41%
Österreich	4,80%	5,10%	5,40%	5,40%	5,30%	5,30%	5,50%	5,60%	5,90%	5,60%	5,39%
Schweiz	2,90%						1,30%				
Italien	2,40%	2,10%	1,80%	1,80%	1,70%	1,70%	3,80%	3,00%	1,90%	2,00%	2,22%
Polen		3,20%	3,00%	3,00%	3,00%	3,00%		1,90%	1,80%	2,60%	
4.2) nach Städten											
Garmisch-Partenkirchen	15,90%	11,10%	11,10%	11,50%	11,80%	11,80%	10,20%	11,30%	12,00%	13,10%	11,98%
München	6,20%	4,80%	5,60%	5,20%	5,10%	5,10%	5,30%	5,20%	5,60%	5,20%	5,33%
Berlin					1,10%	1,10%	1,10%				
Hamburg		1,20%	1,10%	1,10%	1,10%	1,10%	1,10%	1,00%	1,00%	1,00%	
Grainau	1,60%	1,30%	1,10%	1,10%				0,90%	1,00%	1,10%	
Petting	1,00%										
4.3) nach Altersgruppen											
18-24 Jahre	36,00%	40,00%	39,00%	39,00%	38,70%	38,70%	36,80%	36,20%	35,70%	35,70%	37,58%
25-34 Jahre	15,70%	17,20%	17,90%	18,00%	18,20%	18,20%	21,60%	20,20%	19,10%	20,00%	18,61%
35-44 Jahre	13,40%	12,40%	12,40%	12,40%	12,50%	12,50%	13,50%	12,90%	13,10%	13,10%	12,86%
45-54 Jahre	13,40%	11,70%	12,10%	12,10%	12,20%	12,20%	13,50%	12,00%	12,90%	13,40%	12,55%
4.4) nach Geschlecht											
Männer	65,70%	60,00%	59,10%	59,10%	59,20%	59,20%	58,10%	57,60%	56,50%	57,20%	59,17%
Frauen	34,20%	39,90%	40,80%	40,80%	40,70%	40,70%	41,80%	42,40%	43,50%	42,70%	40,75%
4.5) Interagierende											
waren Follower	675	681	704	709	720	730	822	854	294	70	625,9
waren keine Follower	687	697	692	688	678	676	133	109	35	13	440,8

Anhang 2: Datenmaterial_Zeile 42 – 85

Anhang 3: Datenmaterial_Zeile 86 – 123

	A	B	C	D	E	F	G	H	I	J	K	L
87	Phase				Pre-Event-Phase				Force-Event-Phase		Post-Event-Phase	Durchschnittswerte/
88	Wochentag	Mittwoch	Donnerstag	Freitag	Samstag	Sonntag	Montag	Dienstag	Mittwoch	Donnerstag	Freitag	Vergleichswerte
89	Datum	28.12.22	29.12.22	30.12.22	31.12.22	01.01.23	02.01.23	03.01.23	04.01.23	05.01.23	06.01.23	
90	**5) Follower**											
91	Follower-Anzahl	3.002	3.013	3.021	3.023	3.028	3.128	3.262	3.289	3.334	3.379	
92	Wachstum im Vergleich zum Vortag		0,37%	0,27%	0,07%	0,17%	3,30%	4,28%	0,83%	1,37%	1,35%	
93	**6) Zielgruppe Follower**											
94	**6.1) nach Ländern**											
95	Deutschland	61,30%	61,40%	61,50%	61,50%	61,50%	61,50%	55,40%	68,50%	65,80%	61,40%	61,98%
96	Österreich	5,60%	5,60%	5,60%	5,60%	5,50%	5,60%	5,10%	6,00%	6,10%	5,50%	5,62%
97	Schweiz	3,90%	3,80%	3,80%	3,80%	3,80%	3,80%	3,50%				
98	Italien	6,00%	6,00%	6,00%	6,00%	6,10%	6,00%	5,50%	4,60%	4,80%	5,60%	5,66%
99	Polen								2,00%	2,60%	3,60%	
100	USA											
101	**6.2) nach Städten**											
102	Garmisch-Partenkirchen	11,10%	11,33%	11,30%	11,20%	11,10%	11,20%	10,20%	11,80%	11,10%	11,50%	11,18%
103	München	5,90%	5,83%	5,60%	5,70%	5,80%	5,60%	5,20%	5,10%	4,90%	5,60%	5,52%
104	Berlin	0,90%	0,99%	0,90%	0,90%	0,90%	1,00%	0,80%	1,10%	1,00%	0,90%	0,93%
105	Hamburg									1,30%		
106	Grainau	1,20%	1,24%	1,30%	1,30%	1,20%	1,20%	1,10%			1,20%	
107	**6.3) nach Altersgruppen**											
108	18-24 Jahre	20,30%	20,38%	20,40%	20,40%	20,40%	20,30%	18,40%	19,00%	18,80%	20,30%	19,85%
109	25-34 Jahre	23,50%	23,58%	23,60%	23,60%	23,70%	23,70%	25,70%	24,50%	24,90%	25,30%	24,20%
110	35-44 Jahre	21,10%	21,18%	21,10%	21,00%	21,00%	21,00%	23,90%	23,20%	21,20%	20,90%	21,53%
111	45-54 Jahre	19,30%	19,26%	19,20%	19,20%	19,20%	19,10%	21,20%	22,50%	20,90%	18,40%	19,82%
112	**6.4) nach Geschlecht**											
113	Männer	65,50%	65,55%	65,30%	65,30%	65,30%	65,30%	65,30%	64,80%	64,20%	63,80%	65%
114	Frauen	34,40%	34,44%	34,60%	34,60%	34,60%	34,60%	34,70%	35,20%	35,80%	36,20%	35%
115	**7) Aktivste Zeiten**											
116	0 Uhr	232	249	255	259	369	430	278	285	305	340	299,2
117	3 Uhr	185	174	184	179	174	168	187	174	183	186	179,4
118	6 Uhr	789	787	782	692	589	518	746	766	756	717	714,2
119	9 Uhr	887	889	900	923	979	1.053	980	978	1.004	1.016	960,9
120	12 Uhr	1.010	1.037	1.018	1.040	1.082	1.083	1.088	1.094	1.119	1.124	1.058
121	15 Uhr	1.069	1.039	1.074	1.101	1.107	1.159	1.143	1.132	1.157	1.176	1.118
122	18 Uhr	1.180	1.156	1.156	1.090	1.068	1.251	1.249	1.228	1.240	1.223	1.186
123	21 Uhr	1.031	1.031	1.018	1.035	1.050	1.062	1.103	1.099	1.102	1.102	1.061

BEI GRIN MACHT SICH IHR WISSEN BEZAHLT

- Wir veröffentlichen Ihre Hausarbeit,
  Bachelor- und Masterarbeit

- Ihr eigenes eBook und Buch -
  weltweit in allen wichtigen Shops

- Verdienen Sie an jedem Verkauf

Jetzt bei www.GRIN.com hochladen
und kostenlos publizieren